Desarrollo de las Habilidades Psíquicas

Desarrollo Psíquico para Principiantes, ¡Enseñándote a Descubrir tus Habilidades Psíquicas y a Abrir tu Tercer Ojo!

Contenido

Introducción 1

Capítulo 1 - ¿Qué son las habilidades psíquicas?....................... 2

Capítulo 2 - Motivos para desarrollar tus habilidades psíquicas 10

Capítulo 3 - Cómo desarrollar tus habilidades psíquicas........ 14

Capítulo 4 - Visualización de Auras.. 22

Capítulo 5 - El Tercer Ojo.. 37

Capítulo 6 - Cómo fortalecer tu intuición 50

Capítulo 7 - Los Guías Espirituales y cómo puedes conectarte con ellos 61

Capítulo 8 - Errores a evitar al desarrollar tus habilidades psíquicas 71

Conclusión 75

Introducción

¡Gracias por tomarte el tiempo de leer este libro sobre el desarrollo psíquico!

Este libro abarca el tema del desarrollo psíquico y te enseñará cómo mejorar tus habilidades psíquicas. Si alguna vez has considerado que puedes tener algunas habilidades psíquicas inactivas, ¡entonces este libro es para ti! Con la ayuda de este libro podrás reconocer tus propias habilidades psíquicas, y luego desarrollarlas con estrategias probadas de una manera segura y efectiva.

En los siguientes capítulos, descubrirás cuáles son las diferentes habilidades psíquicas, y cómo cada una puede ser desarrollada específicamente. Aprenderás a interpretar tus sueños, a desarrollar tu intuición, a ver las auras y a conectar con los guías espirituales, ¡y mucho más!

Al terminar este libro, ¡tendrás un buen entendimiento de cómo mejorar tus habilidades psíquicas y estarás en camino de convertirte en un poderoso y consciente psíquico!

Una vez más, gracias por elegir este libro, espero que lo encuentres útil.

Capítulo 1 - ¿Qué son las habilidades psíquicas?

¿Alguna vez has tenido una extraña premonición sobre algo que terminó siendo verdad? A lo mejor tenías la fuerte sensación de que tu amigo estaba en problemas. Posiblemente predijiste correctamente que algo malo estaba a punto de suceder. O podría ser simplemente el momento en que predijiste que tu teléfono sonaría, y que una persona en particular estaría llamando.

Si este tipo de casos han ocurrido más de una vez, entonces hay una gran posibilidad de que tengas una capacidad psíquica; la capacidad de percibir detalles ocultos a los sentidos normales de una persona a través de la percepción extrasensorial (ESP). Si bien tener esta habilidad es un poco extraño, aterrador y abrumador al principio, es en realidad un gran don.

Algunos psíquicos creen que tienen algunas habilidades espirituales o intuitivas. Otros, por otra parte, reconocen solo una habilidad psíquica. Si todavía estás tratando de averiguar si tienes habilidades psíquicas, entonces comprueba los siguientes signos de ser un psíquico y determina cuántos de ellos son verdaderos en tu caso:

- **Altos niveles de intuición** – Algunas situaciones que exhiben esta habilidad incluyen saber quién te llama antes de que levantes el teléfono, y predecir un evento antes de que suceda.

- **Experimentar un déjà vu a menudo** – Puede que te hayas sentido como si hubieras estado en un lugar determinado antes, a pesar de no haber estado nunca allí. El déjà vu también podría definirse como una fuerte familiaridad con las cosas, lugares, eventos y personas. Es posible que sientas que estás reviviendo ciertos momentos y sientas una fuerte sensación de familiaridad que no puede ser explicada por la lógica. Si experimentas estas cosas, entonces es posible que tengas una habilidad psíquica.

- **Sueños con espíritus** – Los difuntos a menudo visitan a sus seres queridos cuando están dormidos. Es porque es el momento en que la vulnerabilidad y la apertura de su mente subconsciente están al máximo. Sin embargo, a diferencia de la mayoría de la gente, los psíquicos tienden a recibir visitas más regulares no solo de sus seres queridos fallecidos, sino también de otras personas que no conocen en sus sueños.

- **Siempre tienes una corazonada acertada** – Tu instinto puede ser tan fuerte que sabes algo antes de que suceda. Puedes sentir los eventos actuales o futuros, lo que indica fuertemente que eres un psíquico.

- **Casos telepáticos** – Estos casos incluyen el envío de mensajes usando tu mente, la lectura del proceso de pensamiento de los que te rodean y el desarrollo de una conexión de mente a mente. Experimentar estas cosas de vez en cuando significa que tienes una de las formas más comunes de habilidad psíquica, que es la telepatía.

- **Puedes sentir los problemas** – Puede que tengas la sensación de que alguien cercano a ti estará en problemas. Esto puede causar miedo e incomodidad, especialmente si no puedes encontrar ninguna razón por la que parezcas sentir el peligro.

Otros posibles signos de que eres psíquico incluyen sentirse abrumado cuando estás expuesto a espacios públicos, visualizar cosas, lugares o personas que no has visto antes, tener la capacidad de terminar las frases de los demás y sentir el dolor de los demás y la energía en un edificio o una casa. Tu poder psíquico también es inmediato si tienes imaginaciones vívidas y diálogos internos, escuchas voces o sonidos que otras personas no pueden oír, y tienes la capacidad de curar, y decir o predecir el futuro.

Si experimentas al menos uno de los signos mencionados, entonces esto confirma la presencia de tu poder psíquico. Es bastante común sentir miedo una vez que te das cuenta de que tienes esta habilidad, pero recuerda, desarrollarla es en realidad un don. El uso sabio de este don puede hacer que tu vida sea aún mejor.

Si todavía estás a punto de desarrollar tus habilidades psíquicas, entonces la comprensión de sus diversos tipos puede ayudar. Entendiendo cada habilidad psíquica, puedes averiguar cuáles te gustaría desarrollar más.

Proyección astral

Mediante la proyección astral, puedes sumergirte en varios escenarios, incluyendo experiencias cercanas a la muerte y sueños lúcidos. Una aplicación popular de la proyección astral es separar tu alma de tu cuerpo físico.

Aunque este tipo específico de experiencia psíquica funciona de manera similar a las experiencias fuera del cuerpo (EFC), sigue siendo importante tomar nota de sus diferencias. Una es el hecho de que la EFC es involuntaria, mientras que la proyección astral es voluntaria. En la mayoría de los casos, se puede lograr esta experiencia a través de la meditación adecuada. Esto permite a tu alma o cuerpo astral viajar a ciertos lugares que tu cuerpo físico no puede (por ejemplo, a través de puertas y paredes).

Canalización/Mediación

La canalización o la mediumnidad se refiere a una habilidad psíquica, que te permite comunicarte directamente con los espíritus. Te convierte en un médium capaz de hablar con los que han fallecido. Puedes transmitir los mensajes de los espíritus a sus destinatarios vivos, generalmente los seres queridos de los difuntos.

Si bien la mediumnidad adopta diversas formas, la más corriente es la de oír y hablar a los espíritus, y luego transmitir el mensaje al destinatario. Una forma menos común es cuando el espíritu se apodera parcialmente del cuerpo del médium y es capaz de hablar directamente a través de ellos. Esto puede ser mediante el discurso verbal, o a través de la escritura o el dibujo.

Lectura del aura

La lectura del aura es otra de las habilidades psíquicas de las que deberías conocer. Con esta habilidad, puedes percibir los campos de energía que rodean no solo a las personas, sino también a las cosas y los lugares. Los psíquicos creen que todos los seres vivos tienen un aura, que representa un campo de energía magnética. Lo que estos psíquicos pueden hacer es sentir, ver y sentir el aura que rodea un cuerpo físico.

Aunque tales campos de energía no son visibles para la mayoría de la gente, los psíquicos dotados pueden verlos claramente. De hecho, al tener esta capacidad, te permitirá leer un aura, dándote una idea más clara de lo que sienten otras personas (ya sea que estén felices, tristes, enfermas o sanas). También te permite leer cualquier interrupción en el aura de una persona, lo que te permite enviar una advertencia oportuna.

La lectura del aura, que rodea a un animal, objeto o persona es una habilidad psíquica común. Los psíquicos pueden ver varios colores en el aura y atribuir varios significados a cada uno. Una persona que puede leer el aura también puede ver las variaciones de color de estos campos de energía. Con eso, pueden proporcionar información sobre la naturaleza espiritual, física, mental y emocional de la persona que han podido leer.

Intuición

Tienes un alto nivel de intuición si te resulta fácil sentir un conocimiento claro e íntimo de las cosas. Tener esta habilidad psíquica significa que puedes agarrar percepciones que ya no son parte del proceso normal de pensamiento. Observa que en el desarrollo psíquico, la intuición juega un papel importante. De hecho, esto contribuye mucho a perfeccionar varias habilidades psíquicas.

Algunos la describen como el sentido innato de sentimientos, pensamientos, eventos y actividades de otros que la capacidad humana normal ya no puede percibir. Por ejemplo, una persona que tiene una intuición extraordinaria puede sentir instantáneamente que alguien es alcohólico, aunque este problema no sea visible por la forma en que se ve y se comporta.

Una persona que tiene esta capacidad también posee una percepción límite. Es una parte vital de su sexto sentido, otorgándole el don de saber o ser consciente de las cosas que no provienen de la lógica o la observación. Dado que es el sexto sentido, es seguro decir que todo el mundo posee esta habilidad hasta cierto punto.

Sin embargo, hay algunos que sobresalen en ella. A menudo viene en forma de un sentimiento visceral, que te servirá como guía interna.

Telepatía

Esta habilidad psíquica hace posible que te comuniques con alguien sin interactuar físicamente con él. La telepatía te permite enviar información de una persona a otra, sin ninguna interacción física o comunicación obvia.

La telepatía viene en diferentes formas, una de las cuales es la impresión telepática. Se trata de plantar una imagen, una palabra o un mensaje en la mente de otra persona. También existe lo que se llama lectura de mentes. Esto te permite sentir los pensamientos que están en la mente de los demás.

Otra forma de telepatía es el control mental. Esto te permite controlar parcialmente los pensamientos y acciones de alguien dándole órdenes. Este poder psíquico promueve la comunicación mente a mente, dando al psíquico la oportunidad de comunicar pensamientos completos y claros en un parpadeo.

Ten en cuenta que la telepatía no solo funciona en los humanos. La telepatía animal es también otra de sus formas populares, que da al psíquico el poder de comunicarse con los animales.

Empatía

Los psíquicos que tienen habilidades empáticas pueden sentir las emociones y los dolores físicos de otra persona. Si bien esta habilidad es involuntaria, recuerda que una vez que la desarrollas, puedes aprender a controlar la forma en que reaccionas a los sentimientos y emociones confusas que no te pertenecen.

La empatía es una habilidad que la mayoría de la gente tiene, aunque en diferentes grados. Aquellos que son capaces de perfeccionarla pueden sentir las emociones de alguien sin señales físicas. Lo que hacen es detectar la energía que una persona está emitiendo.

Capítulo 2 - Motivos para desarrollar tus habilidades psíquicas

Ahora que conoces algunas de las habilidades psíquicas más comunes, es el momento de aprender las razones específicas por las que debes desarrollar estas habilidades. Los siguientes beneficios del desarrollo psíquico probablemente servirán como motivación para convertirte en un psíquico más competente:

Aumenta tu conciencia de lo que está sucediendo a tu alrededor.

Por ejemplo, puedes sentir instantáneamente si un ser querido está triste. Puedes percibir sus sentimientos de inmediato, incluso si tratan de ocultarlos. También puedes encontrar esto útil en tu profesión. Por ejemplo, puedes detectar a los que te están engañando durante las negociaciones.

Tu percepción extrasensorial podrá proporcionarte mucha información vital que puede mejorar tu conocimiento del mundo que te rodea; en particular de los acontecimientos y las personas. Esto te puede dar una fuerte ventaja estratégica en todas las áreas de tu vida.

Promueve la autosuperación.

El desarrollo psíquico también te ayudará a perfeccionarte. Esto se debe a que puedes aprender cosas nuevas al hacerlo. Te ayuda a mejorar tu mente, tus habilidades mentales y físicas, tu memoria y tu eficiencia. El desarrollo de tus habilidades psíquicas también puede llevarte a desarrollar muchas habilidades interesantes. Un ejemplo sería desarrollar un mejor enfoque a través de la meditación.

Expande tu conciencia.

Con el desarrollo de tus habilidades psíquicas, tu conciencia también mejorará. Puede que solo seas una persona sencilla con un trabajo regular de 9 a 5, pero después de desarrollar tus habilidades, empezarás a sentirte extraordinario. Te sentirás así una vez que empieces a usar tu habilidad a tu favor. Por ejemplo, puedes empezar a ver las auras de las personas que te rodean, permitiéndote profundizar en sus sentimientos y pensamientos.

Esto es una gran ayuda para expandir tu conciencia. Te permite desarrollar tu comprensión de cómo funcionan las cosas, lo que también puede ayudarte a construir buenos rasgos, como ser amable y útil con los demás. Tu conciencia ampliada también puede llevarte al camino del crecimiento espiritual. Imagina a dónde ciertas habilidades, como la proyección astral y la empatía psíquica, te pudieran llevar.

Abre varias oportunidades de trabajo.

El desarrollo de tu habilidad psíquica abre varias oportunidades de negocio. Por un lado, puedes construir un negocio psíquico profesional usando tu habilidad. Esto te dejará proveer lecturas y consejos psíquicos, realizar sanación psíquica y remover las energías negativas de ciertos lugares, entre otros servicios profesionales que puedes ofrecer. Puedes ganar dinero mientras te das la oportunidad de ayudar a aquellos que necesitan tu servicio.

Te da un mayor poder de atracción.

Tener poderes psíquicos promueve una vida bendecida y plena. Las habilidades psíquicas te permiten sentir un sentido de intuición, que puede ser una gran fuerza de guía en tu vida. Puedes tomar grandes decisiones incluso en circunstancias poco comunes con esa guía.

Aporta tranquilidad y confort.

El desarrollo psíquico también puede ofrecerte seguridad y comodidad. Es una gran ventaja para ti, especialmente si has tenido experiencias traumáticas en el pasado. Puede proporcionarte paz mental, sabiendo que hay una fuerza mayor que está contigo.

De hecho, hay varias razones por las que deberías continuar desarrollando tus poderes psíquicos. Aparte de las razones y beneficios ya mencionados, la decisión de perfeccionar tus habilidades psíquicas te permitirá aprovechar ciertas habilidades que ya están dentro de ti.

Además, el desarrollo psíquico puede ayudar a mejorar tu confianza. Puede mejorar tu concentración y claridad mental y darte un nuevo propósito en la vida. También puedes usar este proceso para descubrir más sobre tus talentos potenciales, y usar tu poder psíquico desarrollado para alcanzar el éxito y la prosperidad.

Capítulo 3 - Cómo desarrollar tus habilidades psíquicas

Los psíquicos profesionales son capaces de conectarse con la mente subconsciente de uno. Aunque la mayoría de la gente tiene habilidades psíquicas, el exceso de desorden puede nublarlas. También hay quienes son plenamente conscientes de que tienen poderes psíquicos, pero no están seguros de cómo usarlos y mejorarlos.

Es importante señalar que puedes perfeccionar, sacar a relucir y pulir tus habilidades psíquicas usando los métodos adecuados. Aunque en la mayoría de los casos es necesario utilizar métodos específicos para el tipo de habilidad que se desea perfeccionar, todavía hay pasos y consejos generales que se pueden seguir. A continuación, se presentan algunas estrategias para mejorar tus habilidades psíquicas:

Meditar durante unos 10 o 15 minutos todos los días

Si quieres desarrollar tus habilidades psíquicas, entonces necesitas aumentar tu vibración. Esto es importante porque la energía del espíritu tiende a vibrar a un nivel y frecuencia más altos. En esta búsqueda, la meditación puede definitivamente ayudar. Lo hace al ponerte en un estado más relajado, elevando así tu vibración. Meditar cada día te permite conectar más con tu ser superior y con tu espíritu, así como con la energía de otras personas.

Desarrolla tu oído psíquico

También llamada clariaudiencia, el oído psíquico juega un papel importante en la transformación de uno mismo en un psíquico real. Lo que tienes que hacer para desarrollarlo es acostarte tranquilamente en la cama justo antes de dormir. Pasa unos minutos escuchando todos los sonidos que te rodean. Tu atención debe centrarse en los sonidos que normalmente ignoras. Puede ser el sonido de los grillos, o del viento. Al concentrarse en estos sonidos, puedes agudizar tu don intuitivo, que es esencial cuando intentas desarrollar tus poderes psíquicos.

Practica escribir en un diario a menudo

Lo bueno de los diarios es que te permiten conectar con tu alma o con tu yo superior y con tus ayudantes espirituales. Para hacer esto correctamente, piensa en un cierto escenario que quizás requiera que busques orientación. Registra en tu diario el escenario mencionado. Al hacer esto, asegúrate de que te permitas relajarte para que puedas empezar a recibir guía divina.

Llevar un diario de sueños también puede ayudar. Ten en cuenta que desde el principio de perfeccionar tus habilidades psíquicas, es común comenzar a tener sueños vívidos. Si tienes tales sueños, entonces tener un diario de sueños alrededor puede ayudarte a recordarlos e interpretarlos.

Mejora tu habilidad psíquica a través de pequeños objetos

También puedes usar pequeños objetos, los que puedes encontrar fácilmente en casa cuando perfeccionas tus poderes psíquicos. Algunos psíquicos, en particular los que se ocupan de las investigaciones criminales, hacen uso de la ropa. El objetivo principal aquí es buscar un objeto que ya ha sido usado ya que esto garantiza una mayor energía cuando se compara con uno sin usar.

Una vez elegido un objeto, ponlo en tus manos. Con los ojos cerrados, relájate, y luego siente el objeto y enfócate en lo que tu cuerpo siente. Puedes empezar a hacerte preguntas importantes, como el género del dueño del objeto, su pasado profesional, y cualquier emoción relacionada con el objeto o la persona.

Todo lo que le venga a la mente, especialmente en forma de un sentimiento o instinto visceral, debe ser anotado. Este proceso se conoce como la impresión energética. Una vez que recibas la información que necesitas, evita modificar nada para poder comparar las cosas que has escrito con los hechos reales.

Perfecciona tu habilidad para sentir empatía

Un psíquico real y profesional es alguien que está en sintonía con las emociones, la energía y el dolor de los demás. De hecho, para muchos psíquicos es posible experimentar las cosas que experimentan los demás como si les ocurriera a ellos personalmente. Por lo tanto, si quieres desarrollar tus poderes psíquicos, tienes que aprender una o dos cosas sobre el cultivo de la empatía.

Un método es ser un experto cuando se trata de leer el lenguaje corporal. Ten en cuenta que la mayoría de los psíquicos aprenden varias cosas sobre una persona determinada a través de su capacidad de leer y entender señales no verbales. Esto puede ofrecer predictores clave que muestren los sentimientos internos de uno.

También puedes percibir mejor las emociones de los demás poniendo tus manos sobre ellos.

Desarrolla tu concentración

Necesitas desarrollar tu concentración si quieres ser un psíquico. Tu completa concentración es fundamental si deseas percibir los pensamientos internos de otras personas o usar tu mente para mover objetos. Un ejercicio para desarrollar tu concentración consiste en sostener un cuadro durante unos minutos mientras lo miras de cerca.

Cierra los ojos y luego reproduce la imagen con todos los detalles que puedas recordar usando tu mente. Esta es una técnica de visualización que puede ayudar a aumentar tu concentración. Utiliza el poder de la ensoñación y la imaginación, también. Esto te permitirá activar tu subconsciente, lo cual es una gran ayuda para aumentar tu poder psíquico.

Libérate de cualquier energía negativa

Para aumentar tu sensibilidad a las experiencias y emociones de los que te rodean, concéntrate en usar tu propia energía a un nivel o frecuencia más alto. Sin embargo, primero trabaja en eliminar la negatividad de tu vida. Ten en cuenta que la negatividad puede nublar tu poder psíquico, así que tienes que deshacerte de ella tanto como sea posible. Empieza a llenar tu mente y tu aura con positividad.

Quédate quieto y en silencio

Toma nota de que la tranquilidad y la quietud pueden darte el tipo de paz que necesitas para traer la energía natural. Lo que tienes que hacer para estar tranquilo y quieto es pasar un tiempo cada día lejos del desorden de la vida moderna. Libérate de toda forma de distracción para que puedas percibir mejor la energía positiva.

Liberarte de distracciones ruidosas te permite pensar más claramente, lo que ayuda a mejorar tu concentración y precisión mental interna. Pasa algún tiempo disfrutando de la belleza de la naturaleza. Los ecos naturales de tu entorno también pueden aumentar tus habilidades psíquicas y tu intuición. Mantente alejado de los dispositivos electrónicos que puedan distraerte. Esto incluye la televisión, el teléfono móvil y el ordenador portátil, entre muchos otros.

Ten fe en ti mismo

Tus pensamientos negativos pueden bloquear tus poderes psíquicos, así que evita en lo posible sucumbir a ellos. Es posible que te sientas decepcionado durante las primeras etapas del desarrollo de tus poderes psíquicos, especialmente si no consigues obtener los resultados que deseas. Pero debes evitar que esta negatividad te afecte. No importa cuánto tiempo lleve desarrollar la habilidad, sigue creyendo en ti mismo y manteniéndote optimista.

Haz un esfuerzo para buscar inspiración donde y siempre que sea posible. Empieza a leer las historias de aquellos que fueron capaces de perfeccionar sus habilidades psíquicas y encontrar maneras de seguir sus pasos. Libera cualquier duda de tu mente. Déjate llevar por tus poderes naturales y sobrenaturales. Siempre dedica el 100% de tu esfuerzo. No dejes ningún espacio para la duda y el escepticismo durante tus esfuerzos espirituales.

Supera tus miedos

El contacto psíquico, así como otros fenómenos sobrenaturales, pueden ser aterradores al principio. Sin embargo, debes evitar que el miedo se introduzca en ti, ya que puede bloquear tu capacidad. Si deseas estar en contacto con tu espiritualidad, debes superar el miedo a sus consecuencias. Ten en cuenta que mientras desarrollas tus poderes psíquicos, puedes empezar a prever nuevas cosas que no esperabas.

Recuerda que esto siempre será una parte de tu experiencia, así que asegúrate de aceptar este don. Cada vez que tu miedo se interponga en el camino de tu desarrollo psíquico, llena tu mente con todas las cosas buenas que este poder puede hacer por ti.

Expande tu imaginación

Necesitas ampliar tu imaginación si deseas mejorar tu capacidad de visión remota. La visión remota se refiere a la habilidad psíquica de visitar lugares usando tu mente. Esto significa que no hay necesidad de visitar el lugar físicamente. Practica visualizando cada lugar que deseas visitar al día siguiente. Imagina lo que sea - desde los departamentos o la tienda de comestibles hasta la casa de tu amigo.

Imagina que estás en ese lugar antes de dormir. Toma nota de los colores, objetos y personas que visualizaste en tu sueño. Después de eso, identifica los que coinciden antes de ir allí personalmente y mirar alrededor. Escribir tus sueños con el objetivo de que permanezcan frescos en tu mente puede ayudar a expandir tu imaginación.

Practica

Continúa practicando incluso si los resultados son lentos al principio. Recuerda que se necesita tiempo y esfuerzo para obtener el poder psíquico deseado, así que haz un esfuerzo para practicar todos los días.

Perfeccionar tus habilidades puede incluso llevar años, pero tienes que confiar en el proceso. Cree que tus habilidades saldrán a la superficie y mejorarán tarde o temprano, y no pierdas la esperanza.

Capítulo 4 - Visualización de Auras

La lectura del aura es uno de los poderes psíquicos más comunes que puedes desarrollar. Aprender a ver y leer el aura de otras personas es una gran ayuda en tu viaje de desarrollo psíquico. Las auras en realidad se refieren a los campos de energía que todos los humanos desprenden. Estas auras se diferencian no solo en el color, sino también en la intensidad. Algunos psíquicos ven las auras como un brillo de luz que rodea a alguien. Al percibir y leer las auras, puedes mejorar tu capacidad de percibir los pensamientos de los que te rodean.

Cuando se trata de mejorar tu habilidad para ver las auras, es necesario comprender completamente sus distintas capas. También conocidas como cuerpos sutiles, estas capas del aura pueden proporcionarte información relevante. Cada capa corresponde a un determinado chakra, que también crea energías que producen el aura que necesitas ver. Además, ten en cuenta que ciertos factores afectan al tamaño del aura. Estos factores incluyen tu salud espiritual, física y emocional. Puedes esperar que las capas áuricas se expandan y contraigan basándose en estos factores.

Aquí están las diferentes capas del aura de las que debes tomar nota:

Capa Etérica

Esta es la primera capa conocida del aura. Tiene alrededor de media a dos pulgadas de tamaño desde la superficie de la piel, delineando tu cuerpo. Este campo de energía se conecta principalmente con el primer chakra, así como con los meridianos, las glándulas y los órganos del cuerpo. Tiene una fuerte relación con la salud y la condición actual de tu cuerpo físico.

Se sabe que la capa etérica es la más cercana a tu cuerpo físico. Aparte de representar tu cuerpo, también caracteriza tus huesos, tejidos y músculos. Tiende a pulsar a veinte ciclos cada minuto. También puedes esperar que esta capa sea más fuerte en personas activas, especialmente en atletas. Tiende a ser más débil en aquellos que tienen una inmunidad débil y siguen un estilo de vida sedentario.

Capa emocional

La capa emocional es la segunda capa de tu aura, que se extiende de 2 a 4 pulgadas de tu cuerpo físico. Cubre tu cuerpo en forma ovalada. Se conecta a tu segundo chakra, así como a tus experiencias y emociones. Esta capa es un reflejo de tu estado de ánimo actual y almacena algunas de tus emociones inestables, como la soledad, el resentimiento y el miedo.

Las energías que forman parte de la capa emocional se conectarán a la primera capa. Luego procesa la información en tu cuerpo físico. Bombardear la primera capa con el dolor emocional que reside en esta segunda capa del aura puede resultar en calambres musculares, malestar estomacal y tensión física. Puedes usar tu familiaridad con la capa emocional para determinar el estado de tus chakras.

Capa mental

Al ser la tercera capa del aura, la capa mental está conectada a tu tercer chakra, así como a tus procesos lógicos, intelecto, ideas, conciencia y sistemas de creencias. Puede extenderse de 4 a 8 pulgadas de tu cuerpo físico. Esta es la capa específica donde puedes racionalizar y validar tus ideas y pensamientos. Aquí es también donde los problemas mentales y la salud mental pueden presentarse.

La capa mental es más alta y su vibración es más fina cuando se compara con la capa emocional. Tiende a irradiar fuertemente alrededor de tu cuello, hombros y cabeza. Esta capa del aura también suele ser fuerte en las personas que a menudo están involucradas en tareas mentales, así como en aquellas con mentes hiperactivas.

Capa astral

La cuarta capa se llama la capa astral, que está ligada a las áreas de expresión de sus capas mentales, emocionales y etéreas. También está relacionada con el chakra del corazón, que se conoce como el chakra del amor y el equilibrio. Ten en cuenta que mientras que las tres primeras capas del aura mencionadas reflejan tu presencia física y tu naturaleza, la capa astral sirve como ventana a tu naturaleza espiritual. Esto hace que esta capa específica se distinga de las otras tres.

Es posible fortalecer esta capa a través de relaciones íntimas y amorosas. Tiende a debilitarse cuando estás en conflicto con tus seres queridos y durante las rupturas. Al igual que la tercera capa, también puedes usar la capa astral para ver el estado de tus chakras.

Capa de la plantilla etérica

La siguiente capa se denomina plantilla etérica. Está conectada a tu quinto chakra, así como a tu creatividad, vibración, sonido y comunicación. Se puede encontrar un plano que contiene todas las formas del mundo físico dentro de este campo. Esta capa de aura también actúa como un plano de tu cuerpo físico dentro del plano espiritual.

La plantilla etérica abarca todas las cosas que creas a nivel físico. Esto incluye tu personalidad, energía e identidad en general.

Puedes sanar y fortalecer esta capa a través de la plena conciencia de tu verdadero ser y la expresión de tu verdad.

Capa Celestial

La capa celestial es la siguiente capa del aura con la que tienes que familiarizarte. Es la capa específica en la que tu mente física se conecta con la mente espiritual usando prácticas devocionales y meditación. Aparte de estar vinculada al 6º chakra, también está conectada a los sueños, la confianza, el amor incondicional, la honestidad, la conciencia espiritual, los recuerdos y el conocimiento intuitivo.

Esta capa además posee tus experiencias de conexión con algo, que es más grande y más grande que tú mismo. También puedes asociarla con la iluminación. Está compuesta de luz, que te permite acceder a un conocimiento intelectual superior, información y sabiduría que están presentes en tu conciencia colectiva. Una vez que fortaleces esto, puedes perfeccionar el poder de recibir mensajes de ángeles y comunicarte con el mundo espiritual.

Plantilla Ketérica

Esta es la última capa de aura de la que un aspirante a psíquico debería tener conocimiento. Lo que esta capa contiene son todos los detalles e información relacionados con sus vidas anteriores, así como tu alma. También simboliza el sentimiento de unidad con el universo. Está ligada a la conciencia universal y divina.

La capa de la plantilla ketérica también contiene el plan de vida o contrato de tu alma. Refleja todas las experiencias y conocimientos transmitidos por el alma durante la vida actual. Fortalecer la plantilla ketérica mejora tu habilidad para rendirte al camino divino, lo cual es útil cuando se trata de mejorar tus habilidades psíquicas.

¿Cómo ver las auras?

Ahora que conoces las diferentes capas del aura de una persona, es el momento de aprender algunos consejos para verla. Para ver las auras, entiende la forma en que la energía se siente en tu cuerpo. Puedes hacerlo cerrando los ojos, alineando tu respiración y pidiendo que los colores del aura aparezcan frente a ti. Tu objetivo es alcanzar un estado de conciencia relajado, para que puedas ver las auras sin problemas.

Lo bueno de aprender a ver y leer las auras es que te proporciona un sinfín de posibilidades y oportunidades. Además, aprender a leer y proteger el aura que tu propio cuerpo retrata puede mejorar no solo tu salud espiritual, sino también tu salud emocional y física.

Afortunadamente, perfeccionar tu capacidad de ver y leer el aura no requiere que te conviertas en un auténtico místico. De hecho, puedes empezar a desarrollar esta habilidad siguiendo simples pasos y consejos, como los siguientes:

Aprende sobre los diferentes colores del aura

Hay que tener en cuenta que las auras existen en diferentes colores, cada una de ellas transmite un mensaje o información sobre el objeto o la persona a la que rodean. Es necesario estudiarlas y lo que cada una significa. A continuación se presentan los colores básicos del aura que hay que tener en cuenta si se quiere ser capaz de verlos y leerlos con precisión:

- **Rojo** – Este color representa el corazón, el cuerpo físico y la circulación. Puedes verlo como una luz positiva. Este color es un signo de un ego saludable. En algunos casos, también puede indicar ansiedad e ira, así como la naturaleza intransigente de la persona.

- **Amarillo** – Otro color de aura es el amarillo, que puede ser relacionado con la energía vital y el bazo. Este color manifiesta el despertar, la creatividad, la inteligencia, la inspiración, el optimismo y el juego. También muestra la naturaleza despreocupada de una persona. Sin embargo, también hay casos en los que el amarillo brillante señala el miedo a perder el poder, el control, el respeto y el prestigio.

- **Naranja** – El naranja es también otro color popular del aura. Puedes relacionarlo con las emociones y los órganos reproductivos de una persona. Si lo miras positivamente, significa resistencia, energía, productividad, amor por la aventura, coraje, y ser sociable o extrovertido. Sin embargo, también hay connotaciones negativas en este color, como el estrés asociado a la adicción.

- **Azul** – Este color pertenece a la tiroides y la garganta. Puedes relacionar este color con la naturaleza amorosa y cariñosa de una persona, así como con su sensibilidad e intuición. Sin embargo, los tonos más oscuros de este color indican negatividad, tales como el miedo a decir o enfrentar la verdad, así como a la auto-expresión y el futuro.

- **Violeta** – Este es el color del aura, que puede conectarse al sistema nervioso, la glándula pineal y la corona. Observa que el violeta es el color más sabio y sensible de los muchos colores del aura. También es un color intuitivo, que puede revelar el poder psíquico de la persona asociado con la auto-superación.

- **Verde** – Este color puede estar relacionado con los pulmones y el corazón. Una vez que lo ves en el aura de una persona, puedes sentir inmediatamente el equilibrio y el crecimiento. Generalmente también resulta en un cambio. Indica el amor de una persona por la naturaleza y las personas y animales que la rodean. Sin embargo, un tono verde fangoso u oscuro en el aura de una persona indica baja autoestima, inseguridad, resentimiento y celos.

- **Dorado** – Este color representa la protección divina y la iluminación. Tener un aura dorada significa que siempre puedes pedir guía del bien más elevado.

- **Negro** – Este color tiende a tirar o extraer energía y transformarla. En la mayoría de los casos, un aura negra manifiesta la incapacidad de perdonar. También puede indicar una pena no resuelta. Hay algunos casos en los que este color de aura puede resultar en problemas de salud.

- **Blanco** – Este color representa la verdad y la pureza. También significa que hay ángeles cerca de ti. En algunos casos, tener esta aura significa que una mujer está embarazada.

Familiarizarse con estos colores es crucial para mejorar la habilidad de ver y leer las auras. La presencia de los colores en las auras es la clave para leer con precisión a los que te rodean. A fin de mejorar la forma en que ves estos colores, quédate en una habitación de color neutro y luego juega con objetos de colores más brillantes. Cierra los ojos y respira profundamente mientras pides que los diferentes colores se presenten frente a ti.

Mira el color a la vez que respiras profundamente. En este caso, un objeto envuelto en un color sólido es lo que deberías estar mirando. Deja que tu mirada se suavice de tal manera que estés mirando a través de ella. Después de eso, observa el campo que rodea al objeto de color. Aquí es donde notarás un color pálido que sale de él.

Una vez que mejores tu habilidad para leer colores simples, agrega objetos multicolores de manera gradual. Esto es útil para expandir tu visión psíquica y dominar la habilidad de leer auras.

Empieza viendo la energía

Algunas personas tienen una habilidad natural para ver las auras, lo que las hace diferentes de la persona promedio. Lo que diferencia a estas personas naturalmente dotadas es su plena conciencia de todas las energías que les rodean. Teniendo esto en cuenta, es seguro decir que la energía sensorial es crucial en la lectura del aura.

Empieza por sentir la energía dentro de tu cuerpo. Después de dominar eso, puedes empezar a intentar sentir la energía irradiada por otras personas.

Usar puzzles de ojo mágico

Si aún no estás familiarizado con los rompecabezas de ojos mágicos, entonces toma nota de que son imágenes que puedes usar para aprender a ver y leer las auras. Trabajan en el entrenamiento de tu cerebro para encontrar algo que no parece aparecer a primera vista. Ten en cuenta que si detectas con éxito las imágenes ocultas dentro de un rompecabezas de ojo mágico, puedes entrenar tu cerebro para que recuerde cómo puedes volver a descubrir esos mensajes en el futuro. También te puede ayudar a darte cuenta de que, en la mayoría de los casos, hay muchos mensajes ocultos a partir de lo que tus ojos desnudos pueden ver a primera vista.

Practica viendo al menos una imagen de ojo mágico cada día. Esto ayuda a cambiar tu conciencia, haciendo posible que tu cerebro se dé cuenta de que al tratar de relajar los ojos, puedes revelar algo más que lo que ves a simple vista. Esto es muy beneficioso si quieres empezar a ver las auras. Con las imágenes del ojo mágico, puedes deshacerte de algunos filtros de la mente, permitiéndote profundizar en ella.

Mejora tu habilidad para detectar la imagen dentro de las imágenes del ojo mágico. Luego de dominar esta habilidad, puedes comenzar a practicar el cambio de la imagen dentro y fuera de tu enfoque. Observa la imagen dentro de la imagen del ojo mágico sin perderla. Además, presta mucha atención a la manera en que fuiste capaz de estimular la imagen interior para revelarse. Puedes usar esta técnica una vez que empieces a dominar la lectura del aura.

Practica viendo las auras en el espejo

Siéntate o párate frente a un espejo y mira tu reflejo. Transfiere tu enfoque a un punto, que va más allá de tu cuerpo. Por ejemplo, esto podría estar encima de tu hombro derecho.

Mira este espacio y relájate. Deja que aparezca la información oculta relacionada con el aura. Al principio, lo que verás es solo un contorno de energía blanca que te rodea, lo que en realidad es algo bueno. Mantén tu enfoque, luego deja que la energía blanca se expanda y espera que se llene de color.

Usar cristales y plantas

Los cristales y las plantas también están entre las cosas que puedes usar para ver y leer las auras. Puedes usarlos particularmente si experimentas problemas para ver tu propia aura. Los cristales y las plantas también pueden ayudar durante la práctica. Lo que tienes que hacer para aprovecharlos es dejar que un cristal o una planta se siente frente a ti. Si es posible, ponlo en un lugar con un fondo blanco. Observa justo más allá del borde del cristal o de la planta. Debe parecer que estás viendo una imagen de un ojo mágico.

Relájate y enfócate hasta que el campo energético del cristal o la planta empiece a aparecer. Una vez que aparezca, tu siguiente paso es averiguar lo que la planta o el cristal te dice en base a su energía. Por ejemplo, debes decir si la energía emitida por la planta es saludable y feliz, o no. Si utilizas un cristal, averigua si el aura que emite es brillante y clara; de lo contrario, tienes que recargarlo y limpiarlo.

Mejora el ojo de tu mente

En la mayoría de los casos, las personas que quieren desarrollar la clarividencia experimentan frustración durante el proceso porque ven esta habilidad psíquica de manera equivocada. La clarividencia es la habilidad psíquica de reunir información sobre una persona, un evento físico, un objeto o un lugar utilizando su percepción extrasensorial. Observar la información de manera clarividente no es lo mismo que observar dicha información con los ojos físicos.

Es posible que mejores tu habilidad para detectar imágenes usando el ojo de tu mente, dejando que tu imaginación trabaje. También necesitas aprovechar tu habilidad para recibir imágenes mentales. Un ejercicio que seguramente trabajará a tu favor es imaginar un árbol. ¿Tiene agujas u hojas de pino? ¿Puedes usar tu mente para sintonizar con el aura del árbol? ¿Hay un campo de luz que rodea al árbol cada vez que lo miras?

La imaginación está estrechamente ligada a la visión clarividente y psíquica, por lo que tienes que desarrollarla si quieres mejorar tu clarividencia también. Otra práctica que puedes hacer es pensar en un ser querido. Obtener una imagen mental de la persona en la que estás pensando y determinar cómo es su aura.

Observa la imagen mental del aura que aparece. Evita juzgarla. No te preocupes demasiado por tu precisión por ahora. En lo que deberías concentrarte es en divertirte mientras mejoras el ojo de tu mente. La precisión se logrará con la práctica y la persistencia constantes. Intenta este ejercicio específico por tu cuenta también. Imagínate usando el ojo de tu mente para observar tu propia aura, y observa lo que ves.

Mejora tu vibración

Uno de los secretos fundamentales para perfeccionar un don espiritual o una habilidad psíquica es una mejor vibración. Recuerda que el miedo y la duda tienen la tendencia de obstaculizar tu capacidad de ver y leer las auras. Aparte de eso, ver las auras también será bloqueado por tus creencias y pensamientos limitantes. En este caso, debes elevar tu vibración. Todo el proceso implica deshacerse de los filtros, las creencias limitantes y la negatividad de tu vida.

También necesitas integrar amor, luz, alegría y positividad en tu vida. Tener un corazón amoroso y feliz puede alinearse directamente con tu objetivo de abrir tus habilidades psíquicas y tus dones espirituales. Silenciar tu mente y conectar con tus ángeles también puede ayudar. Concéntrate en meditar, reír y disfrutar de la vida. Estos actos positivos pueden ayudar a elevar tu vibración, que es también la clave para alinearte con tu habilidad de ver las auras, escuchar a los ángeles, y vivir tu auténtica verdad.

Aparte de estas estrategias, merece la pena ser persistente y seguir practicando. Ten en cuenta que la práctica constante es la clave para desarrollar tu habilidad de ver y leer auras. Establece una intención específica para empezar a ver auras y realiza los consejos y ejercicios mencionados en este capítulo. También ayuda a aumentar tu conciencia en el "ahora".

Capítulo 5 - El Tercer Ojo

El despertar del tercer ojo es también parte del desarrollo psíquico. El tercer ojo, que se encuentra entre los ojos en la glándula pineal, sirve como la puerta de entrada al reino divino. Es en realidad tu sexto chakra y es la clave para desbloquear tu sexto sentido. Al abrir tu tercer ojo, obtienes una visión clara, una fuerte conexión o relación con tu sabiduría o intuición interior, un equilibrio intelectual y un alto nivel de apertura mental.

Podrás experimentar que tu sabiduría e intuición superior cobra aún más vida si permites que este centro de energía específico esté bien equilibrado y totalmente abierto. Aunque acceder a tu sexto sentido es bastante desafiante, sin mencionar que es aterrador, especialmente si no estás acostumbrado a ver cosas que otras personas no pueden ver, de hecho tiene muchos beneficios. Estos son algunos de los beneficios de abrir con éxito tu tercer ojo:

- **Mejora tu poder mental** – En determinados casos, se pierde el enfoque o la concentración principalmente debido a que se tiene un tercer ojo borroso o desequilibrado. Debes tener una clara capacidad mental si quieres formular buenas decisiones. Esta claridad mental puede ayudarte a encontrar soluciones a ciertos problemas. El hecho de abrir el tercer ojo puede aumentar tu poder mental. Te permite encontrar soluciones y aumentar tu autoconciencia. Además, el despertar del tercer ojo hace posible lidiar mejor con el estrés diario y tus emociones.

- **Te permite mantenerte alejado de la negatividad** – Es habitual que los humanos se preocupen por cosas que están fuera de su control. Aparte de eso, la gente también suele aferrarse a las emociones negativas, incluso a las que sintió hace mucho tiempo. Si despiertas tu tercer ojo, puedes deshacerte de todas estas emociones negativas. Te permite estar en el presente, que a menudo está lleno de belleza, no de dolor y pena del pasado. El despertar del tercer ojo también aumenta tu conciencia de lo que te rodea. Te permite concentrarte en el presente, en vez de en el dolor del pasado.

- **Promueve el flujo de grandes ideas** – Hay casos en los que se experimenta un desorden mental, haciendo que te sea difícil averiguar qué idea es la mejor o qué camino debes tomar. Este escenario puede impedir que una nueva idea llegue. Al abrir tu tercer ojo, puedes limpiar tu mente y tu cuerpo de estos bloqueos. Una vez que elimines todos estos bloqueos, puedes esperar que nuevas y grandes ideas florezcan libremente. El despertar del tercer ojo también te hace más receptivo y abierto a ideas que pueden hacer que tu vida sea aún más excitante y agradable.

- **Hace que vivir tu propósito sea menos desafiante** – Esto se debe a que el despertar del tercer ojo fomenta la facilidad y el flujo cuando se trata de vivir tu propósito específico. Ten en cuenta que este proceso es un desafío para muchos, considerando el hecho de que tratar de vivir el propósito de uno tiene muchos giros y vueltas. Con el despertar del tercer ojo, podrás ponerte en contacto con tus guías espirituales que pueden guiarte en caso de que te quedes atascado. También pueden ofrecerte guía en caso de que desees obtener claridad extra o tener alguna forma de aliento amistoso.

- **Promueve la autoaceptación y el amor propio** – Otro beneficio de despertar tu tercer ojo es que te permite comunicarte con guías espirituales que pueden proporcionarte amor incondicional. Tus guías espirituales también estarán a tu lado para apoyarte en tus momentos de necesidad. Esto normalmente es suficiente para hacer algunos cambios positivos en la forma en que te enfrentas a ti mismo. Tu relación contigo mismo y con los demás será aún mejor a medida que aprendas a amarte a ti mismo y a aceptarte a ti mismo.

- **Elimina la confusión e indecisión en todos los aspectos de tu vida** – El despertar del tercer ojo puede mejorar tu habilidad para invocar a tus guías espirituales personales. Puedes llamarlos en momentos de necesidad. Ellos pueden guiarte cada vez que te enfrentes a desafíos. Tus guías espirituales también pueden ayudarte a comprender y entender mejor tus problemas. Incluso pueden ayudarte a deshacerte de tus confusiones, dudas e indecisiones.

¿Cómo despertar tu tercer ojo?

Los beneficios del despertar del tercer ojo no se limitan solo a los mencionados anteriormente. Recuerda que tu tercer ojo sirve como intuición de tu mente. Juega una parte vital en su bienestar general. Representa un nivel superior de conciencia, haciendo posible que percibas el mundo. El problema es que si se restringe o bloquea, también experimentarás ciertos problemas, como insomnio, falta de propósito, pensamiento excesivo, intolerancia y creencias sofocantes.

Un tercer ojo bloqueado o restringido también puede causar que seas incapaz de conectarte con tu propia alma. Si deseas construir una fuerte relación con tu alma y conectarte con tu propósito interno, entonces debes conocer algunas formas de despertar tu tercer ojo. Con la ayuda de ciertas técnicas, puedes despertar este chakra y usarlo para obtener una comprensión más iluminada y profunda del universo que te rodea.

Cultivar el silencio

Debes saber exactamente cómo silenciar tu mente ya que esto juega un papel importante en el despertar de tu tercer ojo. Puede ser a través de la meditación, el contacto con la naturaleza, o dejándote absorber por algo que amas, como una práctica deportiva, o tu arte favorito.

Necesitas alimentar el silencio, ya que la percepción del tercer ojo puede elevar tus sentidos a un nivel sutil. Para que puedas escuchar atentamente la información y los mensajes que te envía tu tercer ojo, es crucial que escuches sus susurros. Silencia tu mente y evita que se desordene. Ten en cuenta que, si permites que tu mente sea demasiado ruidosa o esté demasiado ocupada, podrías ser incapaz de captar el mensaje principal.

Mejora tu creatividad

Necesitas perfeccionar tu creatividad, también, si quieres despertar tu tercer ojo. Tienes que permitir que tu creatividad fluya libremente todo el tiempo. Puedes hacerlo participando en actividades que requieren que seas creativo. Por ejemplo, intentar aprender un nuevo oficio o arte. Sin embargo, evita ser un perfeccionista. Solo busca inspiración y deja que tu imaginación y creatividad se libere sin poner demasiada presión sobre ti mismo.

Mejorar tu creatividad es una parte vital para el despertar del tercer ojo, ya que es una forma de liberar tu mente racional. Esto significa que ya no tendrás que lidiar con tu poco controlable parloteo mental, que constantemente comenta cada paso que das y si estás en lo cierto o no. Ya no tienes que preocuparte de que controle todas tus acciones con un resultado previsto o una agenda determinada.

Necesitas calmar tu mente, especialmente la parte que tiende a controlar tu realidad e influir en tu creatividad. Al tener una mente más tranquila, podrás abrir más espacio para dejar que la capacidad de tu tercer ojo se desarrolle y florezca.

Meditación

La meditación es una técnica efectiva para el despertar del tercer ojo. Incrementa tu conciencia de tus propios pensamientos, dándote la oportunidad de acceder a la claridad mental vinculada a tu tercer ojo mucho mejor. Necesitas meditar para dejar que tu mente se apoye en un objeto o pensamiento. Solo asegúrate de elegir el ambiente y el entorno adecuados para meditar. Debe ser un lugar donde te sientas completamente cómodo y en paz.

Algunas personas tienden a sentirse más abiertas y pacíficas si meditan cerca de la naturaleza. Si eres uno de ellos, entonces meditar al aire libre será perfecto para ti. Busca un espacio con una temperatura cómoda. También debe ser un lugar donde puedas sentarte tranquilamente sin distracciones.

También puedes probar la meditación en el hogar. Lo que tienes que hacer es designar un espacio en tu casa donde puedas meditar. Generalmente, necesitarás un cojín, que puedes usar para sentarte en el suelo más cómodamente. También se necesita música relajante y algunas velas. Cuando medites, recuerda que es un proceso personal. Esto significa que tienes que elegir el ambiente más adecuado para ti.

Usar cristales y piedras preciosas

Los cristales son tus aliados más influyentes durante el proceso de despertar el tercer ojo. Con eso en mente, es aconsejable comenzar a usar piedras preciosas y cristales que tengan las paletas de colores violeta, índigo y púrpura. Estos colores pueden despertar, nutrir, alinear, equilibrar y cultivar tu tercer ojo. Debes usar las piedras preciosas y los cristales que has elegido cuando quieras desbloquear o despertar tu sexto sentido.

Una de las piedras que puedes usar para despertar tu tercer ojo es la fluorita púrpura, la cual es una gema semipreciosa diseñada para agudizar tu intuición y liberar tu mente de pensamientos confusos. Otra opción es la amatista, que es una piedra preciosa tradicionalmente utilizada para el alivio de los dolores de cabeza del tercer ojo y para realizar otras formas de curación. También representa la sabiduría. También puedes usar obsidiana negra, que es un miembro famoso del grupo compuesto por los cristales del tercer ojo. Promueve el equilibrio correcto entre la razón y la emoción.

Eliminar los alimentos procesados de tu dieta

La eliminación de los alimentos procesados es crucial para el despertar del tercer ojo. Hay que tener en cuenta que el cuerpo humano no está construido de tal manera que pueda digerir grandes cantidades de carbohidratos, azúcar y grasas procesadas que a menudo están presentes en los alimentos rápidos y de conveniencia. Tu tercer ojo también se puede beneficiar si reduces tu ingesta de carnes de origen animal. Es principalmente porque estas carnes tienen hormonas que no son buenas para el desarrollo de tu tercer ojo.

Como reemplazo de los alimentos procesados, come muchos alimentos enteros, como granos enteros, nueces y legumbres, así como frutas y verduras. Aparte de hacerte sentir lleno, estos alimentos son buenos y saludables para tu cuerpo. También son fáciles de digerir. Tienes que mejorar tu dieta diaria y eliminar aquellos alimentos que son malos para ti, ya que una dieta adecuada tiene una influencia directa sobre tus hormonas y tus niveles de energía. Con eso en mente, se puede decir que pueden influir en tus pensamientos y sentimientos.

Bebe hierbas que promuevan la purificación del tercer ojo

Lo bueno de las hierbas purificadoras es que funcionan eficazmente en la recalibración del tercer ojo. Empieza a tomar tés de hierbas para obtener los beneficios asociados con el desarrollo psíquico. En este caso, entre los mejores tés de hierbas se encuentran los que tienen Gingko Biloba, Gotu Kola, pasiflora y romero.

Practicar la conexión a tierra

Despertar las habilidades de tu tercer ojo a menudo requiere que dejes que tus pies aterricen primero en el suelo. El aterrizaje puede ayudarte a ganar energía y permitir que ésta recorra todo tu cuerpo y sistema de energía. De esta manera se puede crear una abertura saludable para que salgan los canales sutiles de percepción. Activar el tercer ojo puede hacer que recojas información que parece un poco desconocida, perturbadora o inusual para aquellos que no poseen la habilidad.

Además, estar conectado a tierra y ganar suficiente energía es una gran ayuda para expandir los juicios sutiles de tu percepción. Te ayuda a alejarte de los signos negativos más comunes de la apertura del tercer ojo, como la confusión y la sensación de estar desorientado. También te permite abrir el tercer ojo de forma gradual, permitiéndote así cultivar una base fiable antes de pasar a impulsar tu discernimiento y la capacidad de interpretar las percepciones extrasensoriales.

Desarrolla tu intuición

Tu tercer ojo sirve en realidad como el centro de tu sabiduría superior, visión y entendimiento, entonces es definitivamente una gran ayuda para desarrollar tu intuición si quieres abrirlo. Afortunadamente, existen varias maneras de perfeccionar tu intuición. Puedes intentar familiarizarte con tus sueños así como con sus significados. También puedes intentar soñar lúcidamente o aprender los fundamentos de la lectura de las cartas del tarot o de un horóscopo. Solo busca maneras de cultivar tu intuición y aplicarlas a tus actividades diarias.

La razón principal por la que necesitas afinar tal habilidad al despertar tu sexto sentido es que tu tercer ojo es el núcleo de los niveles más altos de intuición y percepción. En el siguiente capítulo de este libro puedes aprender sobre otras formas de desarrollar tu intuición y obtener más confianza en esta habilidad psíquica específica.

Una vez que hayas practicado las estrategias mencionadas anteriormente, evalúate de vez en cuando para averiguar si has hecho algún progreso. Sabrás instantáneamente que tienes éxito en el despertar de tu tercer ojo si muestras las siguientes señales:

- Una sensación de presión entre tus dos cejas
- Capacidad de percibir señales de advertencia o alertas para las futuras acciones
- Una intuición superior
- Una mayor sensibilidad a la luz
- El aumento de la presión en la cabeza, posiblemente conllevando a dolores de cabeza
- Una mayor sensibilidad a cualquier cosa que sea tóxica
- La alimentación sana y consciente

- Una nueva percepción de todas las cosas
- Una mayor conectividad con casi todo
- Los cambios en tus patrones de pensamiento
- Constantemente se experimentan sueños vívidos y lúcidos
- Aumento de las sincronizaciones

El despertar del tercer ojo sirve como puerta de entrada a todas las cosas relacionadas con el desarrollo psíquico, incluyendo la proyección astral, la telepatía, el sueño lúcido y la clarividencia. Al cultivar tu conexión con tu tercer ojo, puedes separarte fácilmente de los espíritus. También puedes empezar a conectar los métodos metafísicos del ser con tu tercer ojo, incluyendo la manera en que puedes ir más allá de las limitaciones humanas, la forma en que puedes caminar entre las realidades, y la forma de despertar de un sueño.

Sin embargo, tienes que recordar que también hay peligros al despertar tu tercer ojo. El hecho de que sea una parte sensible de tu cuerpo te permite ver lo que no se ve. También hay una gran posibilidad de que puedas caer en la ilusión. Afortunadamente, el entrenamiento de tu conciencia puede equilibrar las cosas que ves con tu tercer ojo.

Elevando tu conciencia, puedes evitar que te hieran debido a este don. También puedes evitar controlar a las personas o decirles algo que no querrían escuchar con esta habilidad psíquica. Además, puedes mantenerte alejado de las experiencias negativas que puedan resultar del despertar de tu tercer ojo trabajando con un guía espiritual. Solo asegúrate de que te apoyes en tu propia base y busca un maestro que te ayude a comprender plenamente tu experiencia.

Además, evita apresurarte en la experiencia. Sería mejor tomar las cosas con calma y dejarte llevar por el flujo natural de la apertura de tu tercer ojo. Con eso, puedes desarrollar un tercer ojo vibrante y abierto, lo que ayuda a permitir que el nivel más alto de energía etérea entre a tu cuerpo. También puedes desarrollar algunas habilidades después de despertar tu tercer ojo, incluyendo la perspicacia, la intuición, la concentración, la decisión, la felicidad y la claridad.

Capítulo 6 - Cómo fortalecer tu intuición

Tener una fuerte intuición te permite disfrutar de mucho más que recibir mensajes psíquicos. La intuición hace referencia a la conciencia inmediata, el conocimiento y la comprensión que no se obtiene ni del razonamiento ni de la percepción. De hecho, es una sensación automática y sin esfuerzo, que frecuentemente te motiva a actuar rápidamente. Tu intuición tiene la tendencia a hablarte todo el tiempo. Es la pequeña voz, el sentimiento visceral, la corazonada, o la decisión de último minuto que viene a tu mente.

Sin embargo, necesitas escucharla y elegir actuar sobre ella para recibir una guía intuitiva adecuada. Si deseas perfeccionar tu intuición y disfrutar de sus beneficios, entonces sería ideal aprender primero sobre sus diferentes tipos. En este capítulo vamos a enumerar las diferentes formas en que la intuición puede manifestarse.

Clarividencia

También llamada visión clara, la clarividencia es el don de intuición más popular y menos comprendido. Tener esta habilidad puede compararse con ver una película dentro de tu mente. Te permite ver cosas dentro de tu mente en forma de imágenes, impresiones, símbolos o películas cortas. Muchos lo consideran como el más simbólico de los diferentes tipos de habilidades intuitivas.

La clarividencia a menudo hace uso de un chakra que se encuentra en tu frente como medio para desarrollar tu intuición. Este chakra se conoce como el tercer ojo, el cual ya fue discutido en el capítulo anterior. El chakra del tercer ojo, una vez despertado, puede percibir longitudes de onda y patrones de energía sutil y luego traducir estos detalles a través de su clarividencia en desarrollo en impresiones o imágenes claras.

Las imágenes probablemente aparecerán en una pantalla en tu mente. Pueden venir en forma de símbolos, colores o películas. También hay casos en los que pueden llegar a ser de naturaleza holográfica. Generalmente, las imágenes sirven como su propio proyector de películas. También pueden venir en forma de impresiones rápidas que tienden a crear un cierto visual usando el ojo de tu mente.

La gente cuya capacidad de clarividencia es frecuente también tiende a tener sueños vívidos desencadenados por el despertar de su intuición. Si deseas desarrollar la clarividencia, entonces busca imágenes que tiendan a aparecer en tu mente de repente. Estas imágenes pueden ser mensajes intuitivos que se te envían. Ten paciencia mientras desarrollas tu habilidad para ver estas imágenes. Eventualmente, notarás que tu clarividencia está creciendo.

Clariesencia

También conocida como sensación de claridad, la clariesencia es otra habilidad intuitiva que un aspirante a psíquico debe perfeccionar. Esta habilidad hace posible que sientas o percibas información importante en tu cuerpo. En la mayoría de los casos, recibirás dicha información en forma de sentimientos que pasan por tu tercer chakra. Si tienes esta habilidad, entonces lo más probable es que tengas reacciones viscerales a ciertas situaciones o eventos.

Puedes sentir la información en cualquier parte de tu cuerpo, lo que también se conoce como una pista del cuerpo. Por ejemplo, si hablas con alguien que tiene fiebre, es posible que tú también empieces a sentirte con fiebre debido a tu intuición despierta. La clariesencia es conocida como la más sensible de todas las diferentes habilidades intuitivas. Esto se debe a que te permite sentir las emociones de otras personas.

Sin embargo, ten en cuenta que aunque esta habilidad representa la más genuinamente compasiva y empática de todas las habilidades intuitivas, todavía tiende a crear algo de confusión para muchos. Esto se debe a que tener esta habilidad hace posible que puedas captar todos los detalles que te rodean. Esto conduce frecuentemente a la confusión ya que lo más probable es que pierdas el contacto con tus propios sentimientos emocionales y físicos, y en su lugar seas provocado por sentir las emociones de los demás.

Si no trabajas en el perfeccionamiento de esta habilidad adecuadamente, entonces lo más probable es que te ahogues por todo el ruido que provoca tu intuición despierta y te veas abrumado en el proceso. Para manejar todos los sentimientos que recibes, sería útil escribirlos en un diario. Esto te proporcionará una idea del número de mensajes clarividentes que recibes usando tu intuición. Al reconocer los mensajes, puedes captar más de ellos cada día sin confundirlos con tus propios sentimientos.

Clariaudiencia

La clariaudiencia es una habilidad intuitiva, que te permite escuchar detalles importantes dentro de tu mente. Esta habilidad también se conoce como audición clara. Puedes recibir los detalles como sonidos, letras, canciones o declaraciones. También puedes sentirlos en forma de vibraciones. Muchos consideran que es la más fácil de las diferentes habilidades intuitivas y psíquicas, porque puedes escucharla.

Aquellos que tienen esta habilidad generalmente reciben los detalles intuitivos a través de una parte del cuerpo situada por encima de sus orejas y por debajo de sus sienes. Esa parte del cerebro humano tiende a cubrir el lóbulo temporal, el lugar específico donde se procesa la información auditiva. Si desarrollas esta habilidad, lo más probable es que te sientas cómodo con tu propia voz. Esto incrementa la posibilidad de afinar tu intuición con solo diferenciar la voz de tu ego y la voz intuitiva.

Haciendo eso, puedes entender las principales diferencias en el tono una vez que escuchas la información. Tu voz intuitiva o tu calma interior es en realidad sutil, amorosa y tranquila. Tal intuición despierta te da poder y confianza. Por otro lado, la voz de tu ego tiende a ser autoritaria, exigente, degradante y crítica. Es un poco dura y puede hacer que te sientas impotente.

Esta es la razón principal por la que necesitas meditar regularmente si quieres desarrollar la clariaudiencia y maximizar sus beneficios. A través de la meditación regular, puedes discernir entre tu voz intuitiva en desarrollo y la voz de tu ego. Si desarrollas con éxito esta habilidad, entonces tienes la oportunidad de leer la energía de los demás escuchando los mensajes que te envían.

Clariconsciencia

También llamado conocimiento claro, es la última habilidad intuitiva que los aspirantes a psíquicos deben desarrollar. Este tipo de intuición te da la capacidad de percibir o ver la información en forma de una corazonada o impresión. Muchos consideran que esta es la habilidad intuitiva más fuerte ya que te permite recibir información instantáneamente. También te dará una idea de lo que funciona y lo que no.

Puedes recibir la información proporcionada por esta capacidad intuitiva a través de al menos una parte de tu cuerpo. Puede ser el chakra de la corona o el chakra del corazón. En la mayoría de los casos, la información intuitiva puede compararse con una sensación de calor que emana de tu pecho. También puede sentirse que se precipita a través de la parte superior de la cabeza. Puedes recibirla como una declaración o idea completa.

Alguien conocido por ser un gran juez de carácter puede ser considerado como clariconsciente. Aquellos con visiones sobre el futuro o sueños proféticos a través de su intuición en desarrollo también muestran clariconsciencia.

¿Cómo desarrollar y fortalecer tu intuición?

Independientemente del tipo de habilidad intuitiva que desees desarrollar, te complacerá saber que puedes perfeccionarla con algunos ejercicios y estrategias que puedes practicar regularmente. Aquí están algunos de ellos:

Escribe en un diario.

Escribir un diario puede estimular un flujo de conciencia que es útil para perfeccionar tu intuición. También, presta atención a que los mensajes intuitivos tienden a ser sutiles. Corren el riesgo de desvanecerse rápidamente de tu mente consciente. Esta es la razón principal por la que tienes que llevar a cabo acciones registrándolas. Recuerda que si no captas tu intuición, es posible que no puedas recordarla después de unos pocos segundos.

A través del diario, acceder a su intuición y capturar la sabiduría detrás de ella será más fácil. Por suerte, solo necesitas de 5 a 10 minutos cada día para hacerlo. Esta corta cantidad de tiempo traerá una claridad asombrosa a lo que te venga a la mente.

Medita.

Necesitas meditar regularmente si pretendes cultivar tu intuición porque es eficaz para despejar tu mente. Ayuda a deshacerse de pensamientos y preocupaciones innecesarias. También evita que pienses demasiado. Una gran característica de la meditación es que no toma mucho tiempo. De hecho, de cinco a diez minutos de meditación diarios son suficientes para ayudarte a estar en sintonía con tus deseos, necesidades y sentimientos más profundos.

Cada vez que medites, notarás que surgen algunas percepciones. Estas percepciones también pueden aparecer después de meditar, especialmente cuando tu estado mental está más tranquilo y centrado. Asegúrate de prestar mucha atención a todas las ideas y percepciones que surjan en tu mente durante y después de la meditación, ya que esto ayuda a desarrollar tu intuición.

Trabaja con tus estados alterados y tus sueños.

Los sueños son importantes para perfeccionar tu intuición porque sirven como una forma para que tu mente subconsciente procese información y se ocupe de los anhelos no reconocidos, los sentimientos reprimidos y el estrés interno. En la mayoría de los casos, tus sueños son simbólicos y proporcionan mensajes profundos. Lo mejor sería familiarizarte con los símbolos más comunes de los sueños. Esto te permitirá entender lo que significan tus sueños y lo que tu intuición te dice a través de ellos.

Trabajar con tus sueños es posible con un simple ejercicio. Lo primero que tienes que hacer es conseguir un papel y un bolígrafo y ponerlo a tu lado antes de dormir por la noche. Una vez que te acuestes, pídele a tu intuición un sueño mentalmente. Repite tu petición varias veces antes de que finalmente te duermas.

Al despertar por la mañana, coge el papel y el bolígrafo y escribe o dibuja cualquier cosa que te venga a la mente. Hazlo incluso si no hay nada específico que recuerdes. Comprueba lo que has puesto en el papel, ya que esto te dará una idea de los mensajes que has recibido. Actúa en consecuencia cuando sea apropiado.

Pon a prueba tus corazonadas o presentimientos.

Si a menudo tienes corazonadas, entonces es útil ponerlas a prueba para averiguar si se harán realidad. Por ejemplo, si percibes que lloverá al día siguiente, entonces considera escribir esto para comprobar si tu corazonada es correcta. Anota cualquier cosa que sientas o pienses que va a pasar en cualquier momento.

Al escribir estas cosas, podrás comprobar fácilmente si tu intuición fue correcta más adelante. Haciendo esto te permitirá saber si realmente tienes el don de la intuición, y si tu habilidad está mejorando o no.

Reserva un espacio para la reflexión.

No puedes esperar que tu intuición se desarrolle en un ambiente ruidoso y ajetreado. Ya sea en el trabajo o en casa, es necesario tener un lugar donde puedas reflexionar tranquilamente. Esto es necesario para escuchar claramente tus percepciones desde el interior. Puedes hacerlo reflexionando sobre tus experiencias en un ambiente pacífico.

También deberías hacer un esfuerzo para dedicar un tiempo a la reflexión todos los días. Algunas herramientas para la reflexión que puedes usar son el diario, caminar para limpiar tu cabeza de pensamientos indeseados y desordenados, y cultivar una práctica de meditación o consciencia. Un simple ejercicio que puedes hacer es pasar un tiempo cada día construyendo tu conciencia sobre cómo te sientes exactamente. Escanea tu cuerpo y comprueba y reflexiona sobre tus sentimientos regularmente. Haciendo eso, es posible que estés en contacto con lo que tu instinto o intuición te dice.

Observa tu brújula corporal.

Ten en cuenta que tu intuición tiende a hablarte usando tu cuerpo. Al cultivar una mayor conciencia de tu propio cuerpo, puedes aumentar tu sensibilidad a tu propia intuición. Si te sientes incómodo cuando estás a punto de tomar una decisión, entonces presta mucha atención a lo que sientes.

¿Son tus sentimientos ligeros o pesados? ¿Te sientes mal del estómago? Lo que sea que sientas puede ser el resultado de una respuesta de estrés que un falso miedo ha activado. Sin embargo, esto también puede ser tu intuición enviándote un mensaje fuerte y claro, por lo que realmente necesitas tener en cuenta tus sentimientos y tu cuerpo.

Practica la visualización creativa.

También puedes usar la técnica de visualización creativa cuando planees aprovechar tu intuición. Esta técnica implica cerrar los ojos y usar la imaginación como medio para generar los deseos de la vida. Abre nuevas energías creativas diseñadas para permitirte explotar tu intuición.

Una forma de hacer la visualización creativa es pasar varios minutos respirando a través de tu diafragma. Elimina cualquier pensamiento de tu mente y haz que se desvanezca. Imagina que estás acostado dentro de una cueva sin ropa. Siente la humedad que viene del techo mientras su naturaleza ácida empieza a disolver tus sistemas corporales, órganos y piel. También debes imaginar que eres un esqueleto mientras sigues siendo plenamente consciente.

Despojarse de todo puede crear una apertura mágica a tu yo intuitivo. Es útil para explotar tu voz interior. Aunque puedes buscar la ayuda de un terapeuta para realizar una visualización creativa, ten en cuenta que es posible hacerlo por tu cuenta.

Capítulo 7 - Los Guías Espirituales y cómo puedes conectarte con ellos

Tus guías espirituales también juegan un papel vital en el desarrollo psíquico. Los guías espirituales se refieren a los seres incorpóreos que se te asignan antes de que nazcas. Son los que te guiarán a través de la vida. Una de las responsabilidades de tu guía espiritual es ayudarte a cumplir el contrato espiritual que hiciste contigo mismo antes de tu encarnación.

Todos tienen un equipo espiritual compuesto de ángeles y guías espirituales que son enviados para guiarlos, enseñarles y protegerlos en varias etapas de su vida. Muchos de estos guías se quedarán contigo toda tu vida. Otros, por otro lado, solo aparecerán ocasionalmente para que seas guiado en ciertas partes de tu vida y en el cumplimiento de tus objetivos. Tus guías espirituales te ayudan sintonizando primero con tu energía, y luego te dirigen para ayudarte a cumplir tu misión terrenal.

Te cuidan, te guían y te animan a cumplir los objetivos de tu alma, así como las intenciones de tu vida. Ellos trabajan como tus ángeles guardianes y guías de vida que puedes esperar que permanezcan contigo el 100 por ciento del tiempo - desde el momento en que naciste hasta tu muerte. También puedes conectarte con guías espirituales que suelen ir y venir basados en tus áreas específicas de enfoque, y te presentan lecciones y preguntas.

Aquí hay una breve descripción de los guías espirituales más comunes con los que puedes conectarte, y que pueden ayudarte a sacar el máximo provecho de tu vida:

Guías Espirituales Guardianes

Tus guías espirituales guardianes sirven como tus protectores. Son capaces de interferir en tu vida físicamente con el objetivo de protegerte. Teniendo esto en cuenta, son los que pueden evitar que te hagan daño y pueden crear un campo energético para rodearte y protegerte de cualquier forma de peligro. Es posible que te conectes con tu guía espiritual guardián en cualquier momento que sientas la necesidad de protección.

Guías Espirituales Mensajeros

Puedes esperar que estos guías espirituales aparezcan en tu vida cuando te prepares para recorrer un nuevo camino o entrar en un nuevo capítulo de tu vida. Son los que te prepararán en un nuevo esfuerzo al proporcionarte la información importante que puedas necesitar. Transmiten sus mensajes a través de símbolos y signos, para que puedas formular decisiones acertadas.

Tus guías mensajeros probablemente también aparecerán cuando te prepares para tomar una gran decisión en la vida, o cada vez que te encuentres en una encrucijada. Su objetivo es apoyarte en tu decisión mientras te proporcionan información sobre el curso de acción ideal. Algunas de las cosas que usan para comunicarse contigo son patrones numéricos, sueños, símbolos y sincronicidades.

Para que recibas la ayuda de tus guías mensajeros, solo tienes que pedirles que sean parte de tu vida. Sigue teniendo un diálogo abierto con tus guías espirituales sobre tus preocupaciones y preguntas. Ellos te ofrecerán respuestas, siempre que estés dispuesto y abierto a escuchar sus mensajes.

Guías espirituales guardianes de los portales

El objetivo principal de tus guías espirituales guardianes de los portales es proporcionarte acceso a los diversos portales del mundo espiritual. Sirviendo como guardianes de los portales entre varias dimensiones, pueden guiarte en la navegación del mundo espiritual de forma segura. Trabajar con tus guías espirituales guardianes de los portales puede cultivar tu intuición. También pueden ayudar a aprovechar tus habilidades psíquicas y permitirte experimentar situaciones relacionadas con el perfeccionamiento de tus habilidades psíquicas, como la proyección astral y el sueño lúcido.

Con tus guías espirituales guardianes de los portales alrededor, puedes obtener protección cada vez que decidas viajar profundamente al mundo espiritual, especialmente si no estás preparado. Ellos pueden mantenerte a salvo de malos espíritus y entidades negativas. Además, son los que pueden facilitar un viaje positivo después de tu muerte.

Guías espirituales sanadores

Estos guías espirituales, como su nombre lo indica, son capaces de curar tus tensiones y dolencias energéticas, físicas y emocionales. Recibirás apoyo espiritual y emocional cada vez que lo necesites cuando estés con tus guías espirituales sanadores. Ellos están presentes cuando te sometes a una cirugía o tratas con un dolor o una enfermedad. Puedes llamarlos si quieres acelerar tu proceso de curación, o cada vez que te sientas deprimido o sufras un trauma emocional.

Los guías de curación a menudo trabajan junto con la gente de la industria de la curación. A veces sirven como facilitadores y mentores para aquellos que están tratando de curar a otros. Como tal, generalmente es posible sentir la presencia de tu guía espiritual de curación si eres parte de la profesión de la curación.

Otros tipos de guías espirituales que tienden a rondar a la gente son los amigos de vidas pasadas, los seres queridos fallecidos, los ángeles, los animales espirituales, las deidades y los maestros espirituales ascendidos. Si quieres conectarte con tus guías espirituales y pedirles que te guíen en las distintas etapas y aspectos de tu vida, entonces haz un esfuerzo para aplicar estos consejos y prácticas regularmente:

Ten fe en ellos

Recuerda que tus guías espirituales no podrán comunicarse contigo si no crees en ellos. Por lo tanto, comienza a sintonizar con ellos y ten fe en su existencia. Una forma de empezar a creer en su presencia es pensar en momentos específicos en los que te sentiste salvado, ayudado o redirigido con la ayuda de alguna fuerza desconocida y poco familiar.

Ten en cuenta que los guías espirituales tienden a entrar en tu vida usando varios medios. Con eso, pasa tiempo cada día para escuchar a tu mente, espíritu y cuerpo. Permítete estar en el momento de completa quietud. Mientras estás en ese estado, podrías ser capaz de recibir mensajes claros que a menudo aparecen en forma de imágenes en tu cabeza, una voz o un sonido, o una sensación u olor. Escribe todo lo que oigas, sientas, veas y huelas, ya que pueden ser mensajes intuitivos enviados por tus guías espirituales.

Usar cristales para meditar

Algunos cristales, como la amatista, poseen poderosas propiedades intuitivas, por lo que puedes usarlos para meditar mientras intentas conectar con tus guías espirituales. La amatista es un cristal brillante y púrpura vinculado a tu chakra del tercer ojo, que se asocia con tu yo superior y tu intuición.

Al meditar con una amatista y ponerla directamente en tu ceja puede aumentar tu conciencia espiritual ya que puede elevarte a un nivel de conciencia más alto. Esto puede fortalecer aún más tu intuición, que sirve como una puerta directa a tu guía espiritual.

Escucha lo que tu intuición te dice

La pequeña voz que escuchas que te dice algo, como ir más despacio o ser más cauteloso, en realidad es un mensaje de tu ser superior o guía espiritual que se comunica contigo directamente. Intenta escuchar lo que tu intuición te dice y ve sus resultados. Aunque escuchar tu intuición a menudo produce buenos resultados, seguramente es un mensaje enviado por tu guía espiritual.

Haz un hábito el pedirles su guía

Tus guías espirituales son capaces de guiarte con cualquier cosa. Puedes buscar su ayuda para tareas tan simples como encontrar un aparcamiento, hasta cosas más complicadas, como curar tu corazón roto, encontrar suficiente valor para perseguir tu sueño, o encontrar el trabajo más satisfactorio.

Cuando se trata de conectar con tus guías espirituales, ten en cuenta que no hay ninguna petición que sea demasiado pequeña, demasiado grande, demasiado amplia o demasiado específica. Solo haz el hábito de pedirles su guía para que puedan intervenir y conectarse contigo.

Construye tu espacio sagrado

Necesitas un espacio sagrado donde puedas conectarte y comunicarte con tus guías espirituales a diario. Tu espacio sagrado podría ser una mesita de noche, un rincón de tu habitación, o una cornisa de la ventana. Pasa algo de tiempo allí todos los días para que puedas conectarte con tus guías. Es necesario que inviertas algo de tiempo con tus guías, para que puedas hacer crecer tu relación con ellos.

Practica la escritura intuitiva

La escritura intuitiva es en realidad una de las formas más efectivas de comunicarse y conectarse con los reinos superiores. Lo que tienes que hacer para practicar esta técnica es limpiar tu espacio sagrado primero. Haz esto encendiendo una vela y siéntate tranquilo y en paz con un par de bolígrafos de colores y un diario.

Usa el bolígrafo de color para escribir una pregunta en tu diario. Luego debes tomar un segundo bolígrafo y pedirle a tus guías espirituales que te den una respuesta a tu pregunta. Deja que la respuesta de tus guías espirituales fluya naturalmente de tu mano al diario.

Ten un diario de guía espiritual

Aquí es donde debes escribir cualquier visión, corazonada intuitiva, sueño o guía que recibas. Recuerda que si quieres conectarte con tus guías, entonces necesitas tomar nota y creer en la ayuda y guía intuitiva que te ofrecen tan pronto como la recibas. Escribiéndolo, tendrás un registro de lo que recibiste de ellos, incluyendo sus mensajes.

Aprende sobre las formas en que tus guías espirituales tratan de contactarte

Tus guías espirituales pueden estar tratando de comunicarse contigo de diferentes maneras, por lo que tienes que ser consciente de los métodos que suelen utilizar para contactar con los humanos. Esto podría ser en forma de una coincidencia significativa. Cada vez que tus guías espirituales intentan ayudarte, pueden ocurrir extrañas coincidencias en tu vida. Esto podría significar que un guía espiritual está tratando de llamar tu atención. Anota cualquier coincidencia que ocurra en tu vida en este momento. Hacer esto puede ayudarte a reconocer la guía que te ofrecen tus guías espirituales.

Los guías espirituales también pueden contactarte a través de objetos significativos. A menudo ofrecen orientación poniendo objetos delante de ti. Estos objetos juegan un papel importante en tu viaje. Puede ser en forma de monedas en tu camino, o plumas blancas del cielo que caen a tus pies. Muchos de los objetos significativos que te envían tus guías espirituales son en realidad sus pequeños regalos. Puedes usarlos como motivación para continuar tu viaje.

Tus guías espirituales también pueden aparecer en tus visiones o sueños para darte la guía que necesitas. Por ejemplo, si estás dormido o meditando, la parte más ocupada de tu mente se quedará quieta y tranquila. Esto te permitirá escuchar las voces de tus guías espirituales.

Con eso en mente, es mejor tener un diario de sueños cerca de ti. Es aquí donde debes escribir tus sueños, para que puedas analizarlos más tarde. Sin embargo, evita usar un diccionario de sueños cuando intentes analizar tus sueños. Lo que tienes que hacer, en cambio, es pensar y reflexionar sobre el significado de los eventos en tu sueño. También debes analizar su relación con las circunstancias actuales de tu vida.

Si sientes fuertemente que tu guía espiritual está tratando de comunicarse contigo, entonces tienes que silenciar tu mente racional y sintonizar con tu intuición. Puedes lograr esto pasando tiempo de calidad con la naturaleza, y en la oración o meditación. Conectarse con tu guía espiritual también requiere que tengas una mente más abierta. Esto te abrirá más oportunidades para que tu guía espiritual te dé el apoyo y el estímulo que necesitas para continuar con el viaje de tu vida.

Capítulo 8 - Errores a evitar al desarrollar tus habilidades psíquicas

Ahora que conoces algunas de las habilidades psíquicas más comunes, los beneficios de desarrollarlas y cómo puedes cultivarlas y desarrollarlas, es hora de entender los errores y bloqueos del desarrollo psíquico que tienes que evitar. Debes ser consciente de estos errores, para que no termines cometiendo errores cuando intentes perfeccionar tus poderes psíquicos.

Falta de fe

¿Cree que los fenómenos psíquicos y las habilidades psíquicas son reales? Lo más probable es que respondas sí a esa pregunta. Sin embargo, toma nota de que la verdadera pregunta aquí es en lo que tu mente subconsciente cree. Recuerda que si tu mente subconsciente no cree en tus habilidades psíquicas, como tu capacidad de ver auras, entonces, por mucho que lo intentes, nunca serás capaz de ver auras o convertirte en un psíquico real.

Necesitas reprogramar tu mente, para que esta comience a tener fe en tus habilidades psíquicas. Puedes hacerlo a través de una intensa práctica y afirmaciones. Es importante reprogramar tus creencias a través de afirmaciones y limpiar tus experiencias negativas a través de la curación emocional. De esa manera, tu mente subconsciente ya no perderá la fe en tu habilidad.

Ingestión de sustancias tóxicas

Si quieres desarrollar tu capacidad psíquica, también debes mantenerte alejado de las sustancias tóxicas, como las drogas, el alcohol y los cigarrillos. Son sustancias nocivas y tóxicas que pueden hacer que desarrolles un hábito demasiado indulgente y poco saludable. Tal comportamiento puede afectar tu progreso mientras perfeccionas tus habilidades psíquicas. Cualquier tipo de abuso en el uso de sustancias tóxicas puede hacer que tus apegos emocionales negativos se adhieran a tu campo áurico. Esto puede causar que pierdas tu energía y disminuyas tu vibración.

No tener un entorno de trabajo protegido y seguro

Necesitas crear un lugar bien protegido y seguro para tus prácticas espirituales, como sanaciones, lecturas y meditación. El lugar elegido también debería mantenerse energéticamente limpio para evitar que entre cualquier energía no deseada.

No conocer tus limitaciones

Como aspirante a psíquico, debes establecer límites y ser consciente de tus propias limitaciones. Toma nota de que tu falta de conciencia de tus limitaciones es peligrosa para tu capacidad. Usar tu habilidad psíquica cuando estás demasiado cansado, enfermo o en un lugar que no es emocionalmente saludable puede aumentar el riesgo de perder tu poder. Tienes que ser honesto contigo mismo y con los límites y restricciones que has establecido.

Albergar el odio y la agresión

Recuerda que tu mente psíquica no tiene espacio para el odio o la agresión. Llenar su mente y corazón con odio y agresión causará dificultades en el desarrollo psíquico. Necesitas eliminar todas las emociones negativas para ser un psíquico más efectivo.

Puede que también estés cerrando la puerta al desarrollo de tus habilidades psíquicas si temes a las responsabilidades que vienen con el don. Aún así, es aconsejable mantener la puerta abierta, especialmente si realmente tienes el don. Además, ten en cuenta que el proceso de desarrollo psíquico no es tan complicado.

Solo necesitas empezar con un trabajo de energía y hacer algunas prácticas simples diseñadas para mejorar una habilidad psíquica en particular. Asimismo, debes identificar los bloqueos, como los mencionados en este capítulo, que podrían arruinar tus posibilidades de desarrollar tu capacidad psíquica. Retira estos bloqueos para que puedas seguir viendo progresos en tu viaje hacia el desarrollo de tu poder psíquico.

Conclusión

¡Gracias de nuevo por tomarte el tiempo para leer este libro!

¡Ahora deberías tener una buena comprensión del desarrollo psíquico!

Si disfrutaste de este libro, por favor tómate el tiempo de dejarme una crítica en Amazon. Agradezco tu sincera opinión, y realmente me ayuda a seguir produciendo libros de alta calidad.

www.ingramcontent.com/pod-product-compliance
Lightning Source LLC
LaVergne TN
LVHW011739060526
838200LV00051B/3245